¿Nos vemos el viernes?

Núria Salán Ballesteros

© 2012OmniaBooks, Omnia Publisher SL
1ª edición: Junio 2012
Traducido por OmniaBooks
ISBN: 978-84-939787-2-3
DL: B-18940-2012
© Dibujo portada: KhreesIllustration&Design
© Diseño portada: Joan Rodó Amat
Imprimido por Createspace

Dedicatoria

A mis hijas, Anna y Eva, que me han regalado el rol de madre.

"No se nace mujer, se llega a serlo"
(Simone de Beauvoir, 1908-1986)

"Vive de manera que nada de lo que hagas merezca los reproches o la condena de quienes te rodean"
(SimoneWeil, 1909-1943)

"Al azar agradezco tres dones: haber nacido mujer, de clase baja y de nación oprimida. Y el turbio azur de ser tres veces rebelde"
(M. MercèMarçal, 1952-1998)

Agradecimientos

Quiero dar las gracias, muy sinceramente, a todas las Marías que han querido cruzar sus vidas con la mía, y con ello me han nutrido y me han hecho crecer.

A todas las mujeres de mi familia, por haberme ayudado a diseñar el modelo de vida que, hoy, tengo como patrón.

A las compañeras de Can Jordana (Sant Boi) por animarme a escribir y por estar siempre "al otro lado". A todas las compañeras de trabajo que he tenido, en todos los trabajos, porque me han enseñado a ser mujer ya convivir con mujeres.

A mi amiga Pilar (Pi), porque siempre está dispuesta a leer lo que escribo.

La autora

Índice

Prólogo..	1
11 de mayo de 2010.......................................	3
14 de mayo de 2010.......................................	6
17 de mayo de 2010.......................................	10
24 de mayo de 2010.......................................	14
3 de junio de 2010...	19
17 de junio de 2010.......................................	20
22 de junio de 2010.......................................	22
2 de julio de 2010..	25
5 de julio de 2010..	27
6 de julio de 2010..	28
8 de julio de 2010..	29
9 de julio de 2010..	30
16 de julio de 2010..	31
19 de julio de 2010..	32
23 de julio de 2010..	34
24 de julio de 2010..	36
25 de julio de 2010..	39
28 de julio de 2010..	42
31 de julio de 2010..	44
16 de agosto de 2010.....................................	46
29 de agosto de 2010.....................................	48
31 de agosto de 2010.....................................	49
3 de septiembre de 2010................................	50
12 de septiembre de 2010..............................	52
13 de septiembre de 2010..............................	55
17 de septiembre de 2010..............................	57
18 de septiembre de 2010..............................	60
22 de septiembre de 2010..............................	62
4 de septiembre de 2010................................	63

26 de septiembre de 2010	66
27 de septiembre de 2010	68
28 de septiembre de 2010	69
1 de octubre de 2010	72
3 de octubre de 2010	74
13 de octubre de 2010	75
15 de octubre de 2010	76
16 de octubre de 2010	77
20 de octubre de 2010	78
24 de octubre de 2010	79
26 de octubre de 2010	81
26 de octubre de 2010	82
28 de octubre de 2010	83
30 de octubre de 2010	84
2 de noviembre de 2010	85
4 de noviembre de 2010	86
7 de noviembre de 2010	87
8 de noviembre de 2010	88
9 de noviembre de 2010	89
11 de noviembre de 2010	90
14 de noviembre de 2010	92
Sobre la autora	97

Prólogo

Quizás el ser humano no es tan diferente del resto de sus vecinos del planeta, sobre todo del resto de animales. Somos depredadores en todos los sentidos de la palabra, somos débiles cuando las circunstancias nos abruman y somos valientes cuando nos sentimos seguros. Además, tenemos tanta necesidad vital de comunicarnos entre nosotros como de respirar. Y ésta es la clave de todo...

Núria Salán controla con excelsitud la comunicación, lo hace con avidez y con un encanto especial. No tengo ninguna duda. Pero lo más curioso es que en este relato,-¿Nos vemos el viernes?- nos invita a vivir y a compartir con el personaje principal una historia que refleja muy bien qué significa "comunicarse".

Los tiempos cambian, y nosotros, por fuerza y a toda prisa también lo hemos hecho. Los carteros, figuras intermediarias de la información y de los mensajes, han sido cruciales en la historia de nuestra sociedad, todavía hoy desarrollan tareas que hacen necesaria su existencia. Sin embargo, un nuevo y virtual conducto de relación y comunicación entre nosotros ha conquistado los escalafones de una interacción, de la que parece que nunca más podremos prescindir: ¡el correo electrónico!

Imaginaos la bandeja de *enviados* de cualquier persona que no conocéis... Imaginaos las historias y desventuras que este centinela electrónico va coleccionando y, muy celosamente, sólo descubre para su dueño o para el destinatario elegido a quien se lo envía a la velocidad de la luz... Letras que forman palabras con vida propia y frases que quieren tener su propia voz. Mensajes que muy a menudo se envalentonan más cuando los escribe un teclado que cuando el emisor y receptor se encuentran cara a cara. Sentimientos que ocupan un lugar concreto y nacen cuando les toca, porque no pueden regirse por ningún tipo de disciplina horaria.

Si además, contamos con la creatividad, sentido del humor y desenvoltura de la autora para retratar las verdades-a veces dulces, a veces amargas-que nos rodean, nos encontramos con lo que tenemos entre manos: una historia, que yo recordaré siempre como fábula moderna, que nos atrapa desde el primer momento y nos hace cómplices de una intimidad, de una vida, y de unos personajes que pueden parecer invisibles pero que nos acompañarán a lo largo de todo el relato.

El semblante de este libro que leéis es original y atractivo, e invita a adentrarse y proseguir el camino que nos sugiere. Tanto es así, que este prólogo no quiere robarosmás tiempo, y os invito a empezar. Poneos cómodos, estáis a punto de quedar atrapados en la telaraña de Núria Salán, pero no os preocupéis, ella teje con el corazón y la inteligencia. Conmueve y no hace daño, y eso sólo está al alcance de unos pocos.

¡Buena lectura y felicidades por la elección!

Amadeu Alemany. SantBoi, abril de 2012

Asunto: ¿Nos vemos el viernes?
Fecha: 11 mayo 2010, 20:00:25 + 0100
De: María<marieta@mail.com>
Para: Juan<Juanitu@mail.com>

¡¡¡¡Hola Juan!!!!

¿Podremos quedar este viernes? He visto la cartelera y la oferta es buena...

Ramón no nos podrá acompañar esta vez, tiene una reunión de trabajo que no tenía prevista. Este marido mío, pobre, cada vez trabaja más, pero mira, no está la vida para decir que no a una reunión de trabajo y menos para ir al cine. Dice que, si puede, cuando acabe el cine sí que nos busca en el centro comercial para cenar con nosotros.

La verdad es que va muy agobiado. Hace unos horarios terribles, llega cansado a casa, sin apenas ganas de nada. Me da miedo que en el trabajo le estén haciendo algún tipo de "jugada" y no me lo quiera decir para no preocuparme. Ya sabes que siempre ha tratado de mantenerme lejos de sus problemas de trabajo pero, chico, yo me doy cuenta de que está preocupado. Y también me preocupo.

Para que te hagas una idea... Hace un par de semanas le llamé a las once y media porque todavía no había vuelto ni me había dicho nada, y resulta que se había puesto un reloj que no tenía la hora cambiada. Total, que pensaba que era una hora menos de lo que era en realidad.

¡Imagínate lo despistado que es! Cuando llegó a casa, se encontró con que todos los relojes de casa tenían la hora "antigua", la de su reloj... porque yo los había cambiado todos. Por un momento se quedó parado, y abría y cerraba la boca, mirándose el reloj de la muñeca... Pero mi cara me traicionó. Bajó la cabeza y fue a cambiarse mascullando y sacudiendo la cabeza. Yo tuve que volver a poner todos los relojes en hora, pero me reí un buen rato. ¡Juas!

Pero vamos, que seguramente no hay nada de qué preocuparse, que todo esto será una situación puntual que pasará sin más y seguramente, si supiera que estoy hablándote de esto, me diría que le doy demasiadas vueltas a todo. Siempre se ríe de las "historias" y las preocupaciones que tengo en la cabeza.

¡Y hablando de mi cabeza! He ido a la peluquería y me he dejado convencer para cortarme el pelo. No mucho (o eso pensaba yo), total unos 4 dedos, con un escalado, para cambiar un poco. Cuando ha venido Ramón, se ha fijado y me ha dicho que me queda bien, pero que por favor no me lo corte mucho más, que le gusta tanto mi melena y tal... Chico, me ha sabido mal y todo. La verdad, hace tanto tiempo que llevo el pelo largo que no sabría llevarlo de otra manera, pero de vez en cuando caigo en las tentaciones de diseño de mi peluquera... En fin, como nos veremos el viernes ya verás que sólo ha sido un "re-styling", no te creas...

Bueno, ahora te toca a ti. Ya me dirás si te va bien el viernes y a qué hora prefieres quedar. Si me das a elegir a mí, preferiría la sesión de las siete y media, así no acabamos demasiado tarde y podemos cenar tranquilamente, y cuentocon que hacia las diez y media Ramón habrá acabado y se podrá incorporar...

¡Dime algo!

María

Asunto:¡¡¡NO TE LO CREERÁS!!!
Fecha: 14 mayo 2010, 16:10:35 + 0100
De: María<marieta@mail.com>
Para: Juan<juanitu@mail.com>

¡¡¡¡Juaaaaaaaaaaaaaaaaaaaaan!!!!
¡¡¡¡¡¡¡¡¡¡¡¡¡ME VOY A ROMAAAAA!!!!!!!!!!!!!!!
¡¡¡Sí, sí, sí, siiiiiiiiiiii!!!

Ostras, ostras, ostras, aún tengo el corazón acelerado... Chico ha sido algo así, "pimpam", sin pensarlo mucho. Ni planeado, ni previsto, ni nada de nada...

Te he llamado para decírtelo pero no me has cogido el teléfono y no puedo esperar para decírtelo. Estoy emocionada, entusiasmada, excitada... Chico, no sé, todo esto es nuevo para mí. Y también estoy asustada, no te creas, que es la primera vez, LA PRIMERA, que salgo sola sin Ramón, que desde que lo conozco todo lo que he visto de mundo ha sido con él (y antes, como nunca había salido a ninguna parte, pues eso). Y, de verdad, todavía no me lo creo... Ostras, ostras...

Aún no me lo creo... Aún no me lo creo...

Espera, que respiro hondo y te cuento...

Alguna vez te he comentado que en el trabajo hay un grupo que de vez en cuando buscan una ganga de viaje y se van un fin de semana añadiendo un día laborable antes o después. Bueno, tampoco es un grupo fijo, más o menos son las mismas personas, pero a veces hay alguien que se ha apuntado una vez y a las otras no... Y el caso es que yo nunca me he apuntado a ninguna de estas salidas. No por nada, no es que tenga ningún problema con nadie, que no lo tengo, sino que a mí las salidas me gusta hacerlas con Ramón, y con la gente del trabajo ya me va bien tomar un café por la mañana, el vermut de Navidad y poco más, pero mi tiempo personal siempre lo he dejado fuera del trabajo. El caso es que hace unos meses empezaron a organizar una salida a Roma para el fin de semana de la Fiesta Mayor, aprovechando el día de fiesta (que este año cae en jueves) y añadiendo el día de puente. Yo, ya te lo he dicho, no me apunté porque ni se me pasó por la cabeza. Les he ido escuchandohablar del viaje, de Roma, de museos, de compras y tal. Pero no te había dicho nada porque no iba conmigo.

El caso es que una del trabajono puede ir. Bueno, en realidad no es que no pueda sino que no tiene ganas, pobre, porque ha tenido un contratiempo... Al parecer, hace unos días el marido le dijo que se marchaba de casa, porque ha conocido a otra mujer y todo eso, y mi compañera, que estaba mucho por su marido, lo está pasando muy mal, la pobre. Yo apenas la he tratado, a esta compañera, sólo en el trabajo, de tomar algún café y los vermuts de Navidad, poco más, y parece que tenía una relación de pareja muy normal. Pero mira, se le ha ido al traste en un santiamén... Ahora hace ya días que no viene por la oficina, desde que le ha pasado esto, y las compañeras dicen que está muy afectada y es por eso por lo que no quiere salir a la calle ni ver a nadie. Y, naturalmente, no tiene ganas de ir a ninguna parte y menos de viaje...

Y, claro, ya tenían su reserva hecha y todo pagado. Y una del trabajo ha comentado que si supiéramos de alguien que quisiera ir para aprovechar la reserva hecha, hoy aun se podría hacer el cambio de nombre y se podría aprovechar todo el pack, y al menos la compañera recuperaría el dinero, que tampoco es mucho porque habían encontrado una muy buena oportunidad, pero es lo que decía una de las que organizaban la salida...

Y en estas que llama Ramón para saludar y le he comentado el tema de la compañera, de su marido, del viaje y tal. Y va y me dice que yo podía aprovecharlo e ir con la gente del trabajo. Y yo me he quedado parada, con el teléfono en la mano porque ni se me había pasado por la cabeza. Total, que Ramón ha empezado a decirme que seguramente tendría trabajo el viernes hasta tarde, y prevé que también el sábado por la mañana, y que le sabía mal que yo me pasara los 4 días en casa, que no podríamos ir a ninguna parte, él y yo. Yo no decía nada, porque no sabía qué decirle. Y entonces, me dice que estaría bien que yo fuese para así poder empezar a mirar una ruta por Roma, dónde ir, dónde dormir, qué visitar, y que le iría muy bienque yo fuera "por delante" ya que había pensado que fuéramos juntos este verano, que me lo quería haber dichopor sorpresa... ¡¡¡Qué guaaaaaaaaapooooooo!!!

Total, que me ha convencido, y cuando le he dicho a la compañera que, si les iba bien, yo podía ocupar el sitio "vacante" se han quedado todos sorprendidos, no por nada, sino porque nunca había ido con ellos, pero, mira, me lo han arreglado hoy mismo y he vuelto a casa con la reserva en la bolsa... ¡¡¡Y EN 10 DÍAS ME VOY A

¿Nos vemos el viernes?

ROMAAAAAAAAAAAAAAAAAA!!!

Buf, estoy nerviosísima, ya te lo he dicho, ¿verdad? No sé por dónde empezar, estoy esperando que venga Ramón para enseñarle la reserva, los papeles que me han dado en el trabajo y todo... Y he bajado la maleta, y he empezado a mirar qué poner y qué no, ¡QUE SÓLO TENGO 10 DIAS!,

Bueno, hemos quedado mañana ¿verdad? Pues ya te contaré y te daré detalles del viaje, de dónde quieren ir, dónde dormiremos y todo eso...

¡¡Aaaaaaaaaaaaaaarrrghhhh!! ¡Estoy de los nervioooooos!

Juan, te dejo que quiero empezar a mirar si tengo todo lo que necesito. ¡No quiero sorpresas de última hora, ni prisas,ni carreras, ni sustos, ni nada de nada!

Creo que me he repetido, pero paso de mirar y borrarlo... Ya lo borrarás tú (¡juas!)

Ay, ¡qué nervios!

¡Hasta mañana!

María

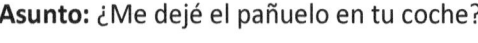

Asunto: ¿Me dejé el pañuelo en tu coche?
Fecha: 17 mayo 2010, 18:15:30 + 0100
De: María<marieta@mail.com>
Para: Juan<juanitu@mail.com>

¡Hola Juan!

¿Has encontrado un pañuelo de cuello en tu coche? Es que no encuentro el que llevaba el viernes. Vaya, juraría que lo llevaba... Es un "foulard" estampado, con una etiqueta muy chillona (no la he quitadoprecisamente por chillona), y me lo regaló Ramón para nuestro último aniversario, enoctubre... Seguramente quedó en el asiento trasero, porque dejé allí el bolso cuando me llevaste a casa... Y juraría que lo llevaba, porque tengo la imagen de haberlo visto en el coche...

Pero como he revueltotoooooooooooooooda la ropa para hacerme la maleta para el viaje, tal vez estoy confundida, y quizás no lo llevaba viernes y te haré que mires el coche... Chico, estoy fatal... No le he dicho a Ramón que no lo encuentro, no quiero disgustarle. Total, seguramente aparecerá en tu coche o en cualquier rincón...

Ya lo mirarás y me dices algo.

Oye, Ramón me pide que te dé las gracias por traerme a casa, y que gracias por acompañarme al cine y a cenar (cuando le veas, dile que te lo he dicho, que vea que soy cumplidora).

Pobre, llegó a casa después de las 12. Apenas había

cenado porque pidieron sushi (con el asco que le da el pescado crudo, pobre), y venía reventado. Empecé a contarle la película que habíamos visto, pero se le cerraban los ojos y lo dejé... Al día siguiente me dijo que sintió mucho haberseperdido la película. Y la cena contigo también, claro...

Este trabajo acabará con él. Pero mira, como él dice, "esto es lo que hay", así que, si ahora este es el ritmo que toca, no es momento de ser quisquilloso con el trabajo...

De hecho, por lo que me ha explicado, no creo que pueda contar con él durante unas semanas, que las tardes-noches de los viernes las tendrá muy complicadas, que ya sabes que antes del verano todo el mundo quiere dejar todo cerrado y ellos funcionan por programación semanal, de modo que debe asegurarse que el viernes todo queda hecho.

Vamos, que lo que parecía que iba a ser un fin de semana puntual de trabajo extra, que coincidía con la Fiesta Mayor y con mi viaje a Roma, no será tan extraordinario... Pero me ha dicho que sólo por ahora, no para siempre... Justamente ahora, que nos esperan unos cuantos fines de semana complicados, de encuentros familiares y con una comunión, de la niña de su sobrino. Pobre Ramón, con lo mal que lleva estas cosas, ya sabes que no le han gustado nunca las celebraciones familiares, ni las multitudes, si encima está agobiado por el trabajo, y poco descansado, puedo imaginarme las pocas ganas que tendrá...

Y, la verdad, supongo que todos cambiamos con los

años, pero este marido mío, en los últimos años, se ha ido haciendo más "íntimo", como yo digo, y como tiene el grupo de trabajo, de los que juegan a squash cada semana y tal, ha ido perdiendo las ganas de encontrarse con sus primos. Y menos aún con los sobrinos, que los niños le agobian y termina con dolor de cabeza.

Y, mira, ahora que ha salido el tema del grupito de squash, como cada vez son más, y hacen "liga", a Ramón le toca chupar banquillo más a menudo, y hay días que vuelve con la bolsa limpia, vamos, que ni ha sudado la camiseta. Pero como es tan cumplidor, pobre, él no falla nunca. Hay días que pienso que le toman el pelo, porque pagan las pistas entre todos, tanto si juegan como si no, y a las que van no son baratas, precisamente a las que van, y como saben que él no falla, supongo que ya cuentan con uno que paga seguro.

Él dice que juega casi siempre, pero yo sospecho que no es así, porque veo la ropa en el cesto y muchas veces parece que ni la haya desdoblado. ¡Ya ves tú lo que habrá jugado! Un día estuve a punto de decirle que no la sacara de la bolsa si no estaba sucia, pero no lo hice porque lo miré mientras iba sacando cosas, y me pareció verlo triste, y pensé que si le decía algo tal vez se quedaría "tocado", no quise que viera que me doy cuenta de que le toman el pelo... Y, chico, qué quieres que te diga, si a él le parece bien así...

Bueno, sea como sea, que seguimos en contacto y, con Ramón o sin él, quedamos igual. Aunque será ya cuando yo vuelva de Roma, pero si puede ser antes de tu santo, mejor, y te cuento cómo me ha ido...

Y respecto al viaje, ya tengo la maleta prácticamente hecha (SÓLO he tardado 5 días en hacer la selección de cosas, jejeje). Chico, parece que me vaya de colonias en vez de fin de semana largo...

¿Quieres que te diga una cosa? Tengo el corazón muy dividido... Una parte de mí está muy emocionada por el viaje y todo eso, y la otra tiene un terrible sentimiento de culpa... Yo me voy y dejo aquí a Ramón, pobre, solo, con el trabajo. Ya sé que tendrá mucho trabajo y no estará mucho por casa esos días, pero me sabe mal que cuando vuelva no haya nadie, que tenga que dormir solo...

Mira, mejor no lo pienso, que si no aún me echaré atrás en el último momento... ¡Y la parte de mí que quiere ir de viaje es muy insistente!

¡Ya te llamaré o te escribiré en unos días!

¡Y dime si has encontrado el pañuelo! Que me enrollo con mis cosas y casi me olvido de por qué te estaba escribiendo...

¡Y ME VOY EN 4 DIAS A ROMAAAAAAAAAAAA!!!!!

Ay, ay, ay, que me estoy haciendo mayor (jejeje).

Cuídate.

María

Asunto: ¡¡¡¡¡ROMA ETERNA!!!!!
Fecha: 24 mayo 2010, 19:24:22 + 0100
De: María<marieta@mail.com>
Para: Juan<juanitu@mail.com>

¡¡¡¡Juaaaaaaaaaaaaaan!!!!

¡Que ya he vuelto de Romaaaaaaa! ¡Que nos tenemos que ver, que te he traído una cosiiitaaaaaaaaa! Y, de paso, te tendrás que tragar las fotos que he hecho (je, je, je).

¡No sé por dónde empezar! Todo ha ido bastante bien, la verdad. La gente del trabajo, muy amable y organizada, hacían propuestas y se votaban entre todos. Y saliera la opción que saliera, todo el mundo la aceptaba de buen grado... La verdad es que son un grupo muy agradable para salir así. No me lo hubiera imaginado nunca...

Y el hotel, muy buena elección, francamente... Cuando llegamos, los del hotel nos pidieron si podíamos cambiar dos habitaciones dobles por una triple (doble con cama supletoria) y una individual, porque habían tenido algo de última hora.La verdad es que no lo entendía todo, porque entre que aquel hombre italiano gritaba como un loco, gesticulaba y movía las manos como un molino de viento, y hacía unos aspavientos como si lo hubieran de azotar, el motivo del cambio no me quedó demasiado claro, pero lo que sí quedó claro es que lo necesitaba. Así que mis compañeros me ofrecieron si quería quedarme la individual, como era la primera vez que iba, por si quería más intimidad y tal... Y, oye, lo he agradecido mucho, porque realmente medaba un poco de apuro compartir habitación con según quién... Bueno, que he estado como una reina.

Nos hemos desplazado en transporte público, y en algún momento ha sido una locura, pero había un par de personas que parecía que habían estado allí toda la vida, y nos iban indicando dónde subir, dónde bajar, dónde había que cambiar. Ya te digo, muy bien, muy bien.

Ya te contaré donde hemos estado cuando te enseñe las fotos, que ya sabes que a mí me gusta imprimirlas, y las pondré en un álbum y te las enseño el próximo viernes que quedemos para ir al cine, que ya me dirás cuándo quedamos y qué quieres ver. Y estoy pensando que, si te parece bien, algún día se lo podría decir a alguien del trabajo, si se quieren apuntar, para ir al cine. Pero sólo si te apetece, y no digo siempre, sólo alguna vez. Y es que todo el mundo ha sido tan amable que tengo la sensación de estar en deuda con ellos.

Incluso cuando tuve un momento de esos que parece sacado de una película de Almodóvar, chico, con un vigilante de un museo, que no sé qué le dio... Ay, mira, hasta me da vergüenza explicártelo... Pero quizá mejor te lo cuento aquí, que si te lo tengo que decir y veo cómo te ríes, me moriré de la vergüenza...

Resulta que fuimos a ver el museo Borghese, que está en el centro de Roma, en una villa, muy bonito, y ya nos ves a todos mirando las obras de arte y las estatuas. Llegamos ante una estatua de Bernini, y como el día antes habíamos visto la del Éxtasis de Santa Teresa, que está toda desmayada como si se le hubiera declarado

George Clooney, y yo, que no sé qué me pasó por la cabeza en aquel momento, porque NUNCA he hecho cosas de estas, voy y me pongo como la estatua aquélla... Vamos, que echo la cabeza hacia atrás, me pongo la mano en el pecho, pongo cara de perder "el oremus" y dejo ir un suspiro... Pero que no me pasaba nada, que sólo quería hacer una broma...

Y entonces, el vigilante del museo, va y se piensa que me ha dado un mareo... Y en un segundo, aparta a todo el mundo, me coge y empieza a gritar "Non si preoccupi! Mi occuperò yo della signora!". Y yo que intento enderezarme, me he quedo tan parada que no me sale ni una palabra de la boca, ¡ni una!. Quería decirle que no me pasaba nada, pero aquel hombre me habíaapresado, con sus manos como garras (y créeme que pienso que tenía muchas más de dos, porque las notaba cómo me repasaban por todas partes), yo que sigo con el intento de enderezarme, y acabamos los dos perdiendo el equilibrio y, ¡¡hala!! ¡los dos al suelo!. Bueno, yo al suelo y el vigilante encima de mí, que no sé qué tipo de maniobra de primeros auxilios era aquella... Yo, intentando sacármelo de encima, empiezo a dar patadas al aire y me pongo a gritar, porque las manos no las podía mover, y el hombre pensando que tengo un ataque, me cogía aún más fuerte.

¿Te lo puedes imaginar?

Y a todo esto, la gente del trabajo, como nunca he hecho una broma, se quedaron todos con cara de no saber qué estaba pasando, y hasta que alguien reaccionó y me sacó los tentáculos de aquel tipo de encima... Yo pensaba que no saldría nunca de allí, Juan... Qué momento más terrible... Y cuando me pude deshacer del vigilante, todo el grupo teníamos una pinta que no veas. Yocon ganas de llorar, y los demás aguantando la risa. En aquel momento hubiera vuelto a casa, te lo digo de verdad... Pero una compañera, con una sonrisa que no podía esconder, me acompañó al baño y me dejó que estuviera sola un rato. Mira... Cuando volví con el grupo todo el mundo reía abiertamente del "numerito", y yo misma, mirándolo desde fuera, me dije que seguramente había sido un espectáculo muy cómico...

Y cuando se lo he explicado a Ramón al principio he pensado que se había enfadado porque se ha quedado muy serio y me decía que esto que me había pasado me lo tenía merecido, porque soy una tentación para los vigilantes de los museos, que aquel vigilante, pobre hombre, aun tendrá problemas para conservar el empleo... Y yo, me he quedado que no sabía qué cara poner, y entonces él ha empezado a reír ya decirme cuánto lamentabahabérselo perdido... Y me ha dicho que, cuando vayamos a Roma este verano tenemos que volver a aquel museo a ver si todavía está el vigilante y hacer el numerito otra vez a ver qué pasa. Mira que es bromista, este Ramón... Pero intentaré convencerlo para no volver a ese museo. Ni hablar...

Ahora bien, aparte de este "incidente" el resto del viaje ha estado muy bien, muy bien, muy bien. ¿Te he dicho que ha estado muy bien? Je, je, je...

Y cuando he vuelto a casa, Ramón, pobre, me ha dicho que prácticamente estuvo fuera todo el fin de semana, que el viernes llegó muy tarde y el sábado también. Y el domingo por la mañana durmió hasta muy tarde, por eso no me cogía el teléfono por la mañana... Imagínate si se ha quedado descansado y desconectado, que cuando hemos llegado al aeropuerto, le he esperado un buen rato, hasta que casi se habían ido todos y alguien se ha ofrecido a llevarme a casa, pero yo, se lo he agradecido mucho, porquetenía que esperar a Ramón... Pobre, se ha despistado y ha llegado casi una hora tarde, pero me ha gustado que viniera a buscarme, la verdad...

Ahora, cuando imprima las fotos, podré decirle el plan que he pensado para estas vacaciones... Roma es una ciudad fantástica, y si puedo ir con Ramón, aún lo será más. Lo que sí intentaré es que el hotel sea un poco más céntrico, que el que teníamos era totalmente periférico, aunque la información decía que era "céntrico"... ¡Qué morro tienen estos italianos!

En fin, que ahora ya estoy en casa, y en un par de días ya habré lavado tooooda la ropa que se ha acumulado (sólo 4 díasy parece que se haya acabado el mundo...), y cuando lo tenga todo colocado de nuevo ya podré retomar mi vida.

Y el viernes estaremos disponibles, si quieres que quedemos. Donde digas: cine, teatro o musical. Elige tú. Y por lo que respecta a nosotros cuenta con los dos, que ya trataré de camelarmea Ramón para que venga, aunque llegue justo. Que si no, sólo tendrá trabajo y Trabajo, y no puede ser.

Espero noticias.

María

Asunto: Cambio de planes...
Fecha: 3 junio 2010, 19:14:15 + 0100
De: María<marieta@mail.com>
Para: Juan<juanitu@mail.com>

¡¡Hola Juan!!

Supongo que ya habías cogido las entradas para mañana, y lamento aguar el plan, pero nosotros no vendremos.

Dime, por favor, cuánto han costado las nuestras, que te las pago y las aprovechas con quien quieras... Mira, me decías que querías comentárselo a tu hermana y su marido... Les invitas a ir y quedas como un rey... Pero las pago yo, que quede claro, ¿eh?

No pasa nada, pero ayer Ramón se encontró mal, y hoy no tiene muy buena cara, así que mañana intentaré que se quede en casa por la tarde, a ver si lo convenzo de que no vaya a trabajar, y tenemos una velada tranquila, que creo que la necesita mucho.

Sólo quería decirte esto, y te dejo que estoy liada en la cocina, que le quiero preparar pescadilla para cenar, y quiero prepararla bien, sin espinas, que si no, no se come el pescado,... ¡Qué delicados somos!

Pero no me quiero quejar, pobrecito, que hoy no se encuentra bien...

¡Hablamos!

María

Asunto: No podremos quedar...
Fecha: 17 junio 2010, 16:54:18 + 0100
De: María<marieta@mail.com>
Para: Juan<juanitu@mail.com>

¡¡Hola Juan!!

Me parece que tampoco podremos quedar esta semana... Ramón no está fino, dice que no es nada, que es cansancio, pero yo le veo mala cara desde hace días, y no quisiera dejarlo solo en casa, y menos para irme al cine...

Me ha insistido, me ha dicho que me vaya contigo, pero prefiero quedarme. Y mira que lo siento, porque he curioseado un poco sobre la peli que me comentaste, y me apetecía mucho verla...

Te he llamado para comentártelo de viva voz, pero no te he encontrado. Y ya sé que te lo puedo decir así, en un mensaje, pero tenía ganas de hablar contigo, y decirte que estoy un poco preocupada por Ramón. Ya lo conoces, y sabes que siempre ha sido reservado, pero últimamente está muy decaído. Y como es tan aprensivo, no me atrevo a decirle nada... En fin, que seguramente estoy exagerando.

Ahora resulta trabajan los viernes por la tarde sí o sí. Hasta ahora, si era preciso se quedaban, pero si quedaba todo resuelto a mediodía, la tarde del viernes la podían tener libre. Pero ahora, como su Jefe es sueco y es soltero, dice Ramón que no tiene nada más que hacer que trabajar, y les ha puesto la reunión semanal los viernes por la tarde. ¿Tú te crees? Pero dice Ramón que esto lo aguanta de momento, por unas semanas, pero que después de vacaciones, si esto sigue así, que pondrá las cosas claras a quien haga falta...

Y cuando le oigo decir eso, me da miedo que tenga un problema en el trabajo... Que las cosas no están para discutirse con nadie, y menos con el jefe... En fin, que a ver si se le pasa un poco...

Mira, estoy por buscarle un "apaño" al Jefe de Ramón, a ver si liga y cambia su horario. Y, de paso, que cambien los horarios de Ramón... ¿Tú no tenías también una compañera "disponible"? Mira que te pido que la invites al cine la próxima vez, y le digo a Ramón que traiga a su jefe, y nos vamos los 5 al cine, a ver qué pasa... Jejeje...

Y además, últimamente su teléfono no para, chico... Por suerte, cuando llega a casa lo pone en silencio, pero aun así, estamos cenando y se oye el zumbido de la alarma, "bzzzzz, bzzzzz..." Y el fin de semana, ni te imaginas... La verdad, pobre Ramón, es que no me extraña que tenga fatiga y preocupaciones, porque esto no es vida...

Oye, que hablamos la semana próxima, a ver si mi marido se repone un poco y podemos quedar.

¿Vale?

¡¡¡Un abraaaaaaaaaaaaaaaazooooooo!!!

María

Asunto: Esta semana tampoco...
Fecha: 22 junio 2010, 09:34:15 + 0100
De: María<marieta@mail.com>
Para: Juan<juanitu@mail.com>

¡¡¡¡Hola Juan!!!!

Por si acaso no te pillo dentro de dos días, te envío las felicitaciones ahora...

¡FELICIDADES! ¡Que tengas una muuuuuuy buena verbena y un mejor día de tu santo!

Ten cuidado con la coca y con el cava, y vigila con los petardos, no vayamos a tener una desgracia...

Nosotros pasaremos la verbena en casa. Bueno, yo toda la noche y Ramón una parte, que le toca trabajar hasta tarde, el día 23. Y no tiene puente, ¿te lo puedes creer? Tiene que volver al trabajo el viernes y el sábado por la mañana. Y suerte que libra el día 24, que si no, ya sería para denunciarlos...

Y como no podremos ir a ninguna parte, aprovecharé para ordenar los armarios, que hace mucho tiempo que lo tengo pendiente, pero estas últimas semanas he ido de cabeza, con el diantre de viaje y tal, aun tengo muchas cosaspor recoger, ordenar y guardar.

Parece mentira cómo se acumulan las cosas con los años...

Y no te digo nada de vernos porque ya me conozco, y cuando me pongo "en modo maruja", me animo y al

¿Nos vemos el viernes?

final me faltan horas del día...

Una cosa... ¿Recuerdas el lunar que me había salido en el hombro? Creo que fue la última vez que nos vimos (o la otra, pero vaya, hace relativamente poco), que te comenté que el lunar del hombro parecía que estaba creciendo. Bueno, pues ya tengo hora para el dermatólogo, para que me lo miren durante la primera semana de julio.

Será que ahora, como Ramón no anda fino, tengo más miedo de lo normal a ponerme enferma... ¿Te imaginas? ¿los dos enfermos a la vez? ¡nos moriríamos! Yo tengo claro que le cuidaré a él, y cuando está enfermo me encargo de prepararle el pescado como le gusta, de hacerle la sopita que le apetece, le doy los medicamentos... Vamos, lo normal.

Ay, pero cuando soy yo la que no se encuentra bien, pobre Ramón, no encuentra nada, no sabe dónde están las cosas, ¡como si no viviera aquí! Y, total, mira que he estado enferma pocas veces, y soy de buen conformar, pero cuando le he comentado lo del lunar y tal, me ha insistido en que cogiera hora ya mismo.... Y me lo dice él, que hace días que parece un alma en pena... Pero dice que no es lo mismo, que me tengo que cuidar, que si soy indispensable en casa y tal... Es tan buena persona...

Y ya está, le he hecho caso y ya tengo hora. Ahora, a ver si él puede tomarse el día para acompañarme, que no quiero ir sola...

Te dejo, que tengo un montón de cosas por hacer. Parece mentira, chico, haces cosasen casa y parece que se deshagan solas...

23

¡Hablamos!.

María.

Asunto: ¿Qué harás mañana por la tarde?
Fecha: 2 julio 2010, 16:04:10 + 0100
De: María<marieta@mail.com>
Para: Juan<juanitu@mail.com>

¡¡Hola Juan!!

¿Qué haces mañana por la tarde? Tengo programada la visita del dermatólogo y Ramón me acaba de decir que no puede acompañarme... ¡Qué desastre de hombre!

Quería pedirte que me acompañes. Ya sabes que soy muy miedosa, y no me gusta nada, NADA, ir sola al médico... Si no puedes, no pasa nada, que puedo coger un taxi. Últimamente parece que tenga un abono, porque los he tenido que llamar más veces de lo que me hubiera gustado. La verdad es que es una suerte que Ramón sea amigo del de la empresa de taxis, porque así siempre tengo uno a punto, y me llevan, me esperan y me traen a casa. ¡Como una reina!

Mira, hace un tiempo me planteé sacarme el carné de conducir, pero, la verdad, como siempre me ha llevado Ramón, por el pueblo voy a pie a todas partes, compro al lado de casa y tal, por alguuuuuuuuuuuna vez que tengo que ir a algún sitio sola, no valía la pena. Ramón me hizo cuatro números y me salía más a cuenta pagar los taxis que tener el coche y tal. Y me ahorro el sufrimiento del aparcamiento. Y, qué quieres que te diga, que tiene razón...

Todo esto para pedirte si puedes acompañarme. Dime

algo cuanto antes, por favor.

¡Gracias!

M.

Asunto: Ramón ingresado
Fecha: 5 julio 2010, 09:39:15 + 0100
De: María<marieta@mail.com>
Para: Juan<juanitu@mail.com>

Juan,

Ramón está ingresado. El sábado, tal y como volvió del trabajo, sin comer ni nada, se tumbó en la cama. Por la noche empezó a decir que se ahogaba y, aunque él no quería, llamé a una ambulancia.

Parece que podría haber sido un pequeño infarto, pero con eso no se bromea y se lo han quedado ingresado.

He venido un rato a casa a buscar ropa y regreso al hospital.

Ya te llamaré cuando pueda, que allí tengo el móvil desconectado.

María

Asunto: Todo correcto
Fecha: 6 julio 2010, 10:05:22 + 0100
De: María<marieta@mail.com>
Para: Juan<juanitu@mail.com>

Juan,

Te escribo un poco más tranquila... Parece que, tal y como habían dicho, ha sido un infarto, muy leve, pero todo está controlado.

Si no hay novedades, antes del fin de semana nos enviarán a casa.

Perdona que no te llame, te escribo aprovechando que he venido a casa, a traer la ropa sucia y a apagar el móvil de Ramón, que, pobre, está preocupado porque dice que me molestará si suena constantemente...

He probado a ver si sabía hacerlo, porque es de esos táctiles del todo, y creo que lo he dejado en silencio, pero que no lo he apagado... Ya lo probaré después.

Ahora me vuelvo al hospital, te mantendré informado.

María

Asunto: Todo correcto
Fecha: 8 julio 2010, 14:45:17 + 0100
De: María<marieta@mail.com>
Para: Juan<juanitu@mail.com>

Juan,

Me he quedado sin batería. Todos estos días me he olvidado de cargar mi teléfono, y, justamente cuando has llamado esta mañana, me he quedado a cero. Lo siento...

He venido un momento a casa, a buscar el cargador y a coger algo para leer.

Los médicos dicen que Ramón está mejor, y que todo va según lo previsto. Pobre, se ha quedado como un pajarito, todos estos días allí, come muy poco y casi no descansa.

En unas horas te llamo, cuando haya pasado el médico, a ver si puedo decirte que volvemos a casa...

Hasta luego,

María

SMS
Fecha: 9 julio 2010, 12:13
De: María<629XXXXXX>
Para: Juan<639XXXXXX>

RAMÓN HA MUERTO. VEN AL HOSPITAL POR FAVOR.

M.

Asunto:
Fecha: 16 julio 2010, 05:23:18 + 0100
De: María<marieta@mail.com>
Para: Juan<juanitu@mail.com>

Hace una semana que Ramón me ha dejado.

No sé qué hacer

No sé qué hago

No puedo dormir, pero quiero dormir y despertar y que todo esto sea una pesadilla

No puede ser, no puede ser, no puede ser

Juan, ya no puedo llorar más, y es de lo único que tengo ganas

Ramón, ¿dónde estás?

Ramón, Ramón, Ramón

Que esto se acabe ya, y que Ramón vuelva, por favor, por favor, por favor

Asunto:
Fecha: 19 julio 2010, 03:58:43 + 0100
De: María<marieta@mail.com>
Para: Juan<juanitu@mail.com>

Juan,

Con muy pocas horas de sueño en el cuerpo, con las lágrimas que no dejan de acudir a mis ojos, con una extraña mezcla de tristeza, impotencia e incredulidad que no me ha abandonado en estos último diez días, que me parecen una eternidad, con constantes idas y venidas al teléfono, porque espero que en algún momento me llamará alguien, o me llamará Ramón, y despertaré.

Agradezco infinitamente tu atención.

Agradezco infinitamente que me hayas acompañado mientras incineraban a Ramón.

Agradezco infinitamente que me hayas acompañado a casa con sus cenizas.

Es todo lo que me queda de él.

Las he puesto en la mesilla de noche, y me duermo tocándolas. No tengo nada más.

Me has llamado muchas veces, y sólo he respondido en algunas ocasiones. Y no quisiera ser descortés, pero me cuesta mucho hablar con nadie. Incluso contigo.

Ya sé que puedo contar contigo. Lo he sabido siempre. Pero no me veo con fuerzas para hablar.

Confío en que lo entiendas y me disculpes.

Perdóname, porque quizás escribo atropelladamente, pero las lágrimas me vienen a los ojos cuando lo pienso, cuando respiro.

No encuentro palabras para escribir todo lo que siento, llenaría pantallas enteras con "NO PUEDE SER, NO PUEDE SER, NO PUEDE SER, NO PUEDE SER", pero me temo que eso no cambiaría nada.

Estos días han sido diferentes, en mi vida hay cosas que nunca, NUNCA, volverán a ser iguales. Nada volverá a ser igual.

¿Qué haré con mi vida?

¿Qué haré sin Ramón?

Me duele escribir su nombre, pero es su nombre la única palabra que me viene a la cabeza y a los labiosconstantemente.Su nombre

Supongo que, de manera inevitable, tendré que aprender a vivir con esa opresión en el pecho, con ese peso que me ahoga, con lo que tengo ahora y que no quiero.

No sé si podré. No sé si querré. No sé nada.

Acabo de mirar el teléfono por si Ramón hubiera llamado. Y no puede llamarme, ¿verdad que no? Pero yo quiero que me llame

No sé qué quiero. Pero no quiero esto que tengo ahora. Esto no.

M.

Asunto:
Fecha: 23 julio 2010, 19:18:02 + 0100
De: María<marieta@mail.com>
Para: Juan<juanitu@mail.com>

Hoy han venido a verme unas compañeras del trabajo. Han sido muy amables.

Se han ofrecido a hacer el papeleo para que, de momento, no tenga que volver al trabajo de momento, y lo he aceptado.

No podría soportar que todo el mundo me mire, o me pregunte.

Todavía no.

No dejo de pensar en lo que ha pasado. Todavía no lo entiendo. Todo estaba bien, todo controlado, estábamos a punto de volver a casa.

He visto los papeles que me dieron. Los he tenido que mirar para dárselos a las compañeras de trabajo.

Ictus. No había prestado atención a esta palabra nunca, hasta ahora.

Tengo recuerdos mezclados de los últimos días.

El momento más duro fue el de firmar los documentos del banco de órganos. Ahora, alguien tendrá sus ojos, y quizá su corazón, y no sé qué otras partes. Me han dicho que nunca sabré quien lo tiene, pero que me sintiera feliz de saber que alguien, gracias a Ramón, puede tener una vida más digna.

Es injusto que alguien necesite de otro para vivir. Es injusto que yo no tenga a Ramón. Yo lo necesito para vivir.

Las del trabajo me han dicho que tendría que buscar algo positivo en todo esto. No entiendo qué se les puede haber pasado por la cabeza.

Esto no tiene NADA de positivo. NADA.

Estoy muy sola. No quiero estar sola. Nunca he querido.

Y ahora siempre estaré sola, tan sola.

M.

Asunto:
Fecha: 24 julio 2010, 06:23:02 + 0100
De: María<marieta@mail.com>
Para: Juan<juanitu@mail.com>

Hoy me he despertado con la necesidad de escribirte.

Llevo días y días dándole vueltas. No puedo hacer otra cosa.

No me quito de la cabeza lo que ha pasado en los últimos días. Pero, al mismo tiempo, me vienen a la cabeza las imágenes de mi vida. De mi vida con Ramón.

No conocí a mi padre, y supongo que por eso nunca le he echado de menos. Y mi única hermana se fue de casa muy joven, cuando yo tenía 10 años, y siempre estuvecomo si fuera hija única, con mamá.

Tuve una infancia normal y una juventud también muy normal. Solas, mamá y yo.

Cuando conocí a Ramón, mamá se puso muy contenta. Le gustó mucho, desde el primer día...

Y estábamos a punto de casarnos, cuando mamá nos dijo que estaba enferma. Ella no quiso que modificásemos nada de nada. Todo debía hacerse tal y como habíamos previsto nosotros.

Y Ramón fue tan delicado que me dejó carta blanca para que yo cambiara lo que quisiera, para que el día fuera impecable incluso con mamá enferma.

Era tan maravilloso... Y me hacía sentir tan querida y tan

bien...

Cuando mamá murió, Ramón me ayudó tanto, me hizo tanta compañía, me dio tanto apoyo, que sabía que no estaba sola.

Mi hermana, que prácticamente no había aparecido durante los años de enfermedad de mamá, ni siquiera cuando estaba agonizando, nos dijo, después del entierro de mamá, que se instalaba en la casa. Y tuvo suerte de queRamón me convenció, porque en aquel momento, yo la hubiera echado si hubiera podido... Bueno, tuvimos suerte ambas, porque él hizo de puente para que nos reencontráramos.

Fue Ramón quien buscó la manera de que pudiéramos sentarnos y hablar. Habíamos estado siempre separadas, y éramos dos desconocidas. Hermanas, pero no nos conocíamos en absoluto.

Me viene a la cabeza su historia, su desencuentro con mamá, eran muy diferentes y ella, mi hermana, era un espíritu libre. Se dejó engañar por las luces y los colores del espectáculo. Supe entonces que era "vedette". En aquellos momentos, yo no sabía qué hacían las "vedettes", pero no me imaginaba que la vida fuera tan triste como la que me contó ella.

Una discusión entre una madre "convencional" con su hija, joven con demasiada energía, con demasiado orgullo, acabó con la separación de ambas. Y mamá también tenía orgullo. Esperó a que volviera diciendo que se había equivocado. La había dejado equivocarse. Y mi hermana no volvió por no reconocer que mamá tenía razón. Y vivió muy sola todos aquellos años.

A mí, mamá, casi nunca me hablaba de mi hermana. Sólo por su santo y su cumpleaños, que decía "hoy es el santo de tu hermana". Nunca dijo "de mi hija".

Se quedó en la casa de mamá y me dijo que no sufriera, que no se quedaría para siempre.

Y al final se quedó para siempre, pero "siempre" fue poco menos de dos años. Supongo que era eso lo que quiso decirme.

Cuando murió mi hermana, no sentí lo mismo que cuando murió mamá. Lo sentí y me apenó por la vida que nos habíamos perdido las dos, pero yo tenía a Ramón y me sentía bastante confortada y reconfortada. Ella fue la que murió sola, y eso es lo que más pena me daba. Y Ramón me ayudó mucho a arreglarlo todo. Papeles, dinero, tumbas, testamentos, legítimas... Si no hubiera sido por él, no sé qué habría hecho, yo sola, perdiéndolo todo en dos años.

Y nunca me sentí sola, porque le tenía a él. Y ahora... Ahora sí que estoy sola. Sola del todo. Y ahora echo de menos a mamá y a mi hermana. Prácticamente no las había echado de menos nunca en estos años, pero ahora sí.

Y tenía necesidad de contarte todo esto. Pero no por teléfono, ni hablando. No habría podido.

Leo lo que te he escrito y veo que he resumido mi vida. Mira que tenía poca cosa para llenar mi historia. Y ahora, aún tengo menos...

Esto es lo que quería contarte.

María

Asunto:
Fecha: 25 julio 2010, 06:23:02 + 0100
De: María<marieta@mail.com>
Para: Juan<juanitu@mail.com>

Ayer te envié un mail muy largo. Tenía mucha necesidad de desahogarme.

Y me gustaría poder hacerlo más, pero sólo tengo un tema: Ramón.

Y no quiero aburrirte porque entonces no tendré a quien escribir.

Hoy sólo te escribo para decirte que estoy tranquila.

He estado viendo fotos. Todo el día. Tengo tantos recuerdos de felicidad...

Algunas, las de los primeros años, están perdiendo el color, pero cuando las miro me viene a la cabeza el momento en que las hicimos, y si cierro los ojos recuerdo las voces y los olores.

Las últimas las he mirado en la pantalla, que aún no había tenido ocasión de llevarlas a imprimir. Y ahora no lo haré, porque ya no tengo a nadie con quien compartirlas...

He estado horas pasando los dedos por las primeras fotos que tengo con Ramón, en la Colonia Güell. Ahora hacía tiempo que no íbamos, y él decía que en octubre por nuestro aniversario iríamos.

Ahora ya no iré. Sola no quiero ir allí, así que no iré.

Y he estado mirando las fotos de nuestra boda, y he visto cómo nos miraba mamá. Contenta pero con una tristeza en los ojos que no podía disimular. Y ahora, cuando me miro al espejo, me veo como ella... Triste.

Y he estado mirando las fotos del último año de mi hermana, antes de que dijera que ya no quería otra foto porque se le notaba mucho la enfermedad.

Y en estas fotos Ramón casi no sale nunca, porque él las hacía.

Y ahora siento no haberle hecho más fotos...

He mirado fotos, he llorado, me he secado las lágrimas y he vuelto a mirar fotos. Y he vuelto a llorar.

Ahora ya no quiero mirar más fotos.

Supongo que ahora toca empezar con la música. Tengo tanto para elegir, tantas canciones y melodías que me lo recuerdan. Tantos momentos con "nuestra canción"...

Y me viene a la cabeza aquel septiembre del 79, cuando le conocí... Y no he escrito nunca nada de eso, y no sé si podré...

Lo intento...

Él había ido a una manifestación de estudiantes, con unos amigos. No era ningún exaltado político, pero en aquellos momentos, pensó que debía hacerlo. Y se escondió de la policía en el portal de mi casa.

Yo quise salir para ver qué pasaba y cuando abrí la puerta, se coló en nuestra casa.

Recuerdo que lo primero que sacó fue su carnet "para que viéramos su nombre, y que era buena persona". Y yo le pregunté si eso de "buena persona" estaba escrito antes o después de la "profesión".

Y se quedó mirando el carné como si buscase dónde estaba, si antes o después.

Me reí tanto de su inocencia, en ese momento de nervios, que dejamos que se quedara.

Cuando se fue, unas horas después, ya le había pedido permiso a mamá para llamarme y para invitarme al cine.

Nunca más volvió a ir ninguna otra manifestación.

Y así le conocí, sin salir de casa. Aquella tarde de octubre me vino a buscar la fortuna. Y un año más tarde, también en octubre, nos casamos.

Y este octubre no podremos celebrar nuestro aniversario, no podremos ir a la Colonia Güell, ni a ninguna parte.

El destino, que me lo trajo, ahora ha venido a quitármelo...

No puedo escribir más. Hoy no...

María

Asunto:
Fecha: 28 julio 2010, 10:13:32 + 0100
De: María<marieta@mail.com>
Para: Juan<juanitu@mail.com>

Mirando fotos y recuerdos, he encontrado una de cuando te conocimos.

La verdad es que no lo había vuelto a pensar. ¿Cuánto tiempo hace que nos conocemos?, ¿cómo nos conocimos?...

He visto las fotos de nuestras bodas de plata, que Ramón quiso que celebráramos en la misma capilla donde nos habíamos casado 25 años antes. Y allí salías tú, con tu pajarita, y el teclado.

En aquella ocasión, para la ceremonia, sólo había familia por su parte, que tampoco era mucha... Estaba su hermano con su mujer y los chicos, con una cara de aburrimiento que no podían disimular. Y estaban dos compañeros de trabajo con sus esposas.

El hermano de Ramón hizo un comentario burlón acerca de que no llegábamos a la docena.

Y entoncesRamón me dijo: "voy a invitar a este hombre del teclado y así seremos 12"

Qué cosas...

Aún tendré que dar gracias al hermano de Ramón por su impertinencia, porque así te conocimos y ahora tengo a alguien.

Porque ellos sólo estuvieron pendientes de mí el día del entierro, de cara a la galería, ya lo viste, pero nada más. Después, han llamado una vez para ofrecerse a mirar los papeles de Ramón, "que no se me pasara nada". ¿Qué se me ibaa pasar? ¿Qué pintanellos?

Les he dicho que en septiembre ya hablaremos, que ahora no tengo ganas.

Y es verdad que no tengo ganas.

Este año hace 30 años que nos casamos. No teníamos que hacer nada especial. Él y yo. Pero ahora lo tendré que hacer yo sola.

Todo lo que pienso, todo lo que hago, me acaba llevando a la realidad ya la evidencia de que ya no lo tengo, ya no está conmigo.

Me he quedado sola. Es terrible, Juan.

María

Asunto:
Fecha: 31 julio 2010, 07:37:30 + 0100
De: María<marieta@mail.com>
Para: Juan<juanitu@mail.com>

Juan,

Tengo pánico a este mes de agosto. Habíamos previsto un mes de vacaciones muy diferente.

Queríamos ir a Roma. Ahora no iremos nunca. Ramón y yo.

Una del trabajo me ha ofrecido que me vaya con ella al pueblo de sus padres. Sólo dos semanas, y me parece bien.

Suficientemente lejos de casa como para no oír el silencio que me rodea. Suficientemente lejos como para no notar el olor de su ausencia. Lejos.

Seguramente iré, porque necesito respirar, y en casa me ahogo.

¿Cómo puede ser? He sido tan feliz entre estas paredes y ahora son como una prisión...

Todo esto es irreal...

He tenido que buscar un abogado porque no teníamos hecho el testamento, y al no haber hijos, no sé qué me han contado del régimen catalán, y de usufructo, y de legítimas...

No me veo con ánimos de hacer nada de eso.

Una del trabajo me ha dado el nombre de uno y le he pedido que se encargue él de todo. Me ha habladode unos poderes para ahorrarme problemas y desplazamientos.

Francamente, lo agradeceré mucho.

¿Cómo me ha podido hacer esto, Ramón? ¿Cómo? Todavía me encuentro diciéndome a mí misma "No puede ser"...

Seguramente me iré con esta compañera del trabajo. He descubierto que hay muy buena gente a mi alrededor.

Y ya sé que tú también estás a mi alrededor, que siempre has estado, sólo quería decir que he encontrado a otras personas.

Luego iré a la peluquería para que me arreglen un poco el pelo. No me lo cortaré, pero me tendría que teñir.

Y lo haré como siempre, que a Ramón no le gustaba que lo llevara dejado, y siempre me animaba a ocultar las canas con tinte.

Decía que las canas no me hacían justicia.

Siempre tan majo.

Llevaré el teléfono estos días.

M.

Asunto:
Fecha: 16 agosto 2010, 05:05:22 + 0100
De: María<marieta@mail.com>
Para: Juan<juanitu@mail.com>

Juan,

Te agradezco que me hayas llamado estos días mientras he estado fuera.

Estas dos semanas han estado bien. Había mucha gente en casa de mi compañera, y muchas cosas que hacer, y todo el mundo ha sido muy amable.

No es que haya dejado de pensar en Ramón, porque no puedo, pero en algún momento he podido desconectar.

Sólo en algún momento, porque tengo presente en todo momento a Ramón. Que no se piense que no le quiero.

Es curioso... Hay momentos en que, si me concentro, se me desdibuja su cara. Pero no, miro una foto y lo veo todo, y lo recuerdo todo. Su voz, su olor, su forma de caminar...

¿Cómo puede haber pasado esto, Juan?

Quería decirte que no quiero quedarme en casa lo que queda de agosto.

Me voy a L'Estartit. Tengo que ver si puedo ir sin él. Lo tengo que hacer. Cada verano hemos pasado una semana de vacaciones allí y este año quiero hacerlo también.

Se lo dije a mi compañera, y me ayudó a buscar unos autobuses que salen de Barcelona y te dejan en el núcleo urbano. No he reservado nada.

Si no encuentro alojamiento donde íbamos siempre, volveré a casa en el último bus y ya está.

Pero quiero intentarlo.

Gracias por estar siempre al otro lado.

M.

Asunto: Mañana vuelvo al trabajo
Fecha: 29 agosto 2010, 22:25:46 + 0100
De: María<marieta@mail.com>
Para: Juan<juanitu@mail.com>

Hola Juan

Esta semana ha sido terrible.

He recorrido la playa sin él. He caminado de noche por el paseo sin él. Me he quedado horas frente a las Islas Medas esperando que, en cualquier momento, él aparecería por detrás, me taparía los ojos y me diría "¿Quién soy?"

Pero no ha venido. Ahora empiezo a ver que no vendrá nunca más. Y no me lo creo, todavía.

Mañana vuelvo al trabajo.

Mañana por la tarde te llamo o te escribo. Ya te diré cómo me ha ido.

Aprovecharé para retomar el trabajo, estos primeros días, antes de que empiece septiembre, ahora que no hay mucha gente.

Y cuando vuelva a casa no esperaré a nadie. Y nadie me esperará...

Hablamos mañana.

M.

Asunto: Santo deRamón
Fecha: 31 agosto 2010, 16:05:36 + 0100
De: María<marieta@mail.com>
Para: Juan<juanitu@mail.com>

Juan,

Hoy es el Santo de Ramón.

Le echo tanto de menos, tanto.

Otros años íbamos a la celebración en la que se hace la subida a la ermita, pero este año no iremos.

Llámame, si puedes.

M.

Asunto: Primera semana
Fecha: 3 septiembre 2010, 15:55:40 + 0100
De: María<marieta@mail.com>
Para: Juan<juanitu@mail.com>

Hola Juan

Ya he superado la primera semana de trabajo.

Los dos primeros días fueron horribles porque la poca gente que había, estaban todos pendientes de mí, y yo quería estar sola. Pero no he dicho nada. Los otros días han sido también horribles porque todo el mundo vuelve contento de las vacaciones.

Y yo no. Ni vuelvo de vacaciones ni estoy contenta. Y quizá me hubiera gustado no volver de ninguna parte.

Me encontré a la compañera que no pudo ir a Roma. Nos hemos hecho compañía estos días. Las dos estamos solas. Ella, al menos, sabe que su marido está vivo y puede tener la esperanza de que vuelva con ella. A ella no le consuela eso, pero yo preferiría que Ramón estuviera con otra mujer, pero vivo.

Ramón no volverá nunca.

Ella me decía que el suyo tampoco volverá, que la mujer con la que está ahora es muy joven y que su marido ahora tendrá hijos y será joven. Y ella, ahora, ya no podría tener hijos.

Yo le he dicho que nosotros, Ramón y yo, nunca los necesitamos. No vinieron pero no nos preocupamos por ello. Siempre nos hemos tenido el uno al otro. Siempre nos habíamos tenido...

Mi compañera, por lo que me ha dicho, no podía tener (ella), y sospecha que esto ha sido lo que ha llevado a su marido a buscar otra mujer. Hemos dejado de hablar porque nos poníamos a llorar y no puede ser.

Me ha llamado el abogado. Me pierdo con su lenguaje. Me ha dicho que no me preocupe, que ya me avisará si hay cualquier novedad. Y me ha dicho que esté tranquila que nadie me echará de mi casa. He estado a punto de soltarle una fresca pero no tenía ganas de discutir. Si dice que "pinta bien" por el momento confiaré en él...

Esta semana he dormido con regularidad, pocas horas, pero cada día, cada noche, y lo he agradecido.

Una compañera se ha ofrecido a ayudarme a recoger las cosas de Ramón y me he quedado atónita... ¿Por qué debería yo querer recoger nada? Todo está bien así, como él lo dejó.

Sólo he lavado la ropa sucia del cesto, para dejarla bien puesta en su lugar. Pero lo que había en los armarios, está tal cual.

¿Por qué lo debería recoger?

Ella dice que hay que hacerlo, para empezar a "pasar página"

Pero yo no quiero pasar página.

Yo quiero leerlas todas, las páginas, las que hay escritas.

Porque que nunca más las volveré a escribir.

En fin, sólo quería contártelo.

Seguimos en contacto

Asunto: Primera diada
Fecha: 12 septiembre 2010, 08:20:32 + 0100
De: María<marieta@mail.com>
Para: Juan<juanitu@mail.com>

Hola Juan

Ayer fue la Diada. Ayer hizo 2 meses que enterramos Ramón.

Cada día que pasa hay algo que me lo recuerda. Cada hora, cada minuto, hay detalles que me lo traen.

Y me doy cuenta de que ya no está conmigo.

No salí de casa ni siquiera para ir a la ofrenda floral. Demasiada gente, demasiado conocidos, demasiado... Y todavía no me veo con fuerza de enfrentarme a tanta realidad.

A él le gustaba tanto ir. Y cantaba el himno de *La senyera* con su voz grave, tan imponente, que la gente, al escucharlo, se giraba a mirar quién era el que cantaba.

Hoy, cuando he oído la canción mientras la izaban, he cerrado los ojos y he buscado su voz, pero no la he encontrado. Y se me saltaban las lágrimas.

Entonces, he quitado el volumen y me he quedado sólo con las imágenes. Sin voz, en silencio.

Como está mi vida en los últimos dos meses: en silencio.

¿Ves? Ya vuelvo a llorar. Y es que lo tengo todo demasiado reciente. O no. O siempre lo tendré reciente.

No lo sé. Pero tengo ganas de llorar, hoy, aquí, en el refugio de mi casa, y lloro.

En el trabajo no lloro. Sólo el primer día. Pero he conseguido no llorar delante de nadie porque no quiero dar pena. La pena es mía, es para mí. Que el mundo tenga su pena. Ésta es la mía.

He pensado esta semana que las del trabajo tienen razón, sobre "pasar página". No del todo, sino alguna página, sólo alguna.

El tema de los armarios, por ejemplo. Si los despejo, toda la ropa que se pueda aprovechar, la podré dar al Hogar de ancianos, y alguien podrá aprovecharla.

Y ayer por la tarde empecé por los armarios.

La primera puerta ha sido una sacudida. Cuando la abrí, su olor me vino encima y me abrazó tan fuerte que casi me caigo. Tuve que sentarme un rato y respirar hondo. Y lloré. Mucho.

Estuve mucho rato pasando la mano por los trajes. Sin descolgarlos...

Ha sido muy duro escoger qué me quedo y qué no.

Supongo que tendré que hacer varias pasadas porque saqué sólo una cuarta parte y el resto se ha quedado en el armario (todos tienen tantos recuerdos...)

De los que aparté, hice limpieza de bolsillos y los he puesto, bien doblados, en una bolsa.

Cuando me di cuenta casi estaba oscuro.

Y abrí una segunda puerta, de camisas, y me pasó lo mismo, pero ahora ya me lo esperaba. También he apartado unas pocas. Las dejé con cuidado y también las he dejado en bolsas.

Cuando terminé era muy tarde. Estaba agotada y, con el calor que hace estos días, aún más.

Ahora me acabo de levantar, debería hacer el resto del armario, y los cajones, y los zapatos. Por la noche me fui a la cama con el pelo mojado después de la ducha y ahora tengo dolor de cabeza. Sólo me faltaba eso.

Qué difícil es esto, Juan. Muy difícil.

Sólo quería decírtelo.

María

Asunto: Paquetes
Fecha: 13 septiembre 2010, 23:05:30 + 0100
De: María<marieta@mail.com>
Para: Juan<juanitu@mail.com>

Juan,

He empezado a hacer paquetes de ropa.

Unos paquetes, más bien bolsas, van al Hogar de Ancianos. Otros paquetes los subiré al altillo porque no quiero deshacerme de todo lo que es de Ramón.

He comprado bolsas de plástico que se conectan al aspirador para quitar el aire y se hacen paquetes compactos de ropa.

He hecho tres paquetes de trajes, todos bien puestos.

He hecho un paquete de camisas de manga larga y de manga corta, y otro con jerseys y polos de verano.

Y he hecho otro paquete con ropa de deporte y la ropa interior.

Me he quedado sin bolsas, tendré que buscar un par más para guardar los zapatos y las deportivas.

Cuando he deshecho la bolsa del squash me he puesto a llorar. Tantas veces que le he visto últimamente vaciar esta bolsa con la ropa limpia...

Y esta vez también estaba por deshacer. Y la he guardado tal cual, la ropa.

Todo lo que he sacado de los bolsillos y de la bolsa de

deporte lo he puesto en un cajón. Ahora tengo muchos vacíos y la habitación me parece queresuena con todos los huecos que hay...

Tendré que mirar papeles en algún momento. Pero no esta semana. A ver si tengo ganas el sábado.

Estas tardes las aprovecharé para llevar las bolsas al Hogar de ancianos. Así lo tendrán antes de que llegue el frío.

Y también tendré que mirar el móvil.

Lo dejé enchufado, en silencio, cuando Ramón estaba en el hospital.

Menos mal que no lo apagué como me había pedido, porque no hubiera sabido ponerlo en marcha, y así cuando lo mire podré responder si alguien le ha dejado algo.

Y seguro que hay mensajes porque hay una lucecita que parpadea. No he tocado el teléfono porque así es como estaba siempre que lo tenía enchufado, con esa lucecita que parpadeaba. Y si hago algo y se apaga esa luz me quedaría aún más sola, y no quiero.

Pero no será esta semanacuando lo mire. El sábado me pongo con los papeles y luego con el teléfono.

Me voy a dormir que se ha hecho muy tarde. Estoy tan cansada que seguro que dormiré bien, hoy.

Hablamos.

María

Asunto: Más paquetes
Fecha: 17 septiembre 2010, 22:12:05 + 0100
De: María<marieta@mail.com>
Para: Juan<juanitu@mail.com>

Juan,

Ya he llevado las bolsas al Hogar de ancianos. Las he llevado en diferentes días porque había mucha cosa: trajes, jerseys, camisas, zapatos, ropa interior (sólo les he llevado la que estaba nueva, la que estaba usada la he dejado en casa).

Me he quedado con una sensación extraña después de dejar todo aquello en la recepción.

Como si me desprendiera de una parte de mí.

Ahora tengo que subir al altillo de casa todos los paquetes que he hecho con la ropa que no quiero dar.

De momento, la quiero conmigo.

Y he dejado un par de mudas y de todo en el armario. Por si acaso.

Me imagino que dirás que no tiene ningún sentido, pero me quedo mucho más tranquila si veo cosas suyas en los armarios.

Ya tengo la vida bastante vacía como para tener también los armarios vacíos.

He aprovechado algún rato para ordenar sus cosas personales, y así he llevado al Hogar de ancianos algunos botes de aftershave, la espuma de afeitar y maquinillas nuevas.

Incluso he hecho una bolsa con toallas de baño, las que llevaba a squash, y uno de los albornoces que tenía "por si acaso".

El otro albornoz lo he dejado en el baño, junto al mío.

Total, que he acabado la semana agotada.

Y mañana he dicho que me pondría a mirar papeles y recibos y tickets, que he sacado un montón de tickets de pago con VISA, que era él quien los comprobaba antes de tirarlos y ahora lo tendré que hacer yo... Ayer fui al banco a pedir un acceso "on-line", porque hasta ahora todo eso lo hacía él, pero en algún momento me tendré que poner.

De paso, ayer, abrí una cuenta nueva, sólo a mi nombre, e iré pasando el dinero de las cuentas comunes a este, porque el abogado me ha dicho que tenía que hacerlo.

Parece que el hermano de Ramón, como no habíamos hecho testamento, ha consultado si tiene derecho o no a algo de la legítima. Ya me imaginaba que lo haría. Y seguramente "no lo hace por él, lo hace por los chicos", como siempre dice. Él nunca hace nada por él, siempre lo hace por los chicos, pero es él quien lo hace.

El abogado es quien lo está mirando todo. El piso era de ambos, y parece que sí tienen derecho a una parte, pero no me pueden echar, ni hacer que lo venda. Ya te lo explicaré mejor pero parece que tengo derecho al usufructo mientras viva.

Ramón siempre ha estado pendiente de sus sobrinos,

cuando han estudiado, cuando han dicho que se querían casar y cuando han tenido las criaturas. Y yo siempre los he visto un poco aprovechados, pero Ramón no quería verlo así.

Y ya me pensaba que se echarían encima a ver qué pillan, era cuestión de tiempo.

Pero no pensaba que sería tan pronto. Pensaba que esperarían un poco más...

Bueno, de eso ya se encargará el abogado. Y haré lo que tenga que hacer. Y lo que sea suyo se lo daré, pero cuando toque.

Mañana empezaré a mirar papeles.

Y el móvil... que eso sí que me dará trabajo... He encontrado las instrucciones y me las estoy leyendo para no hacer nada mal y no apagarlo.

Seguimos en contacto.

María

Asunto: Papeles y resguardos
Fecha: 18 septiembre 2010, 22:55:36 + 0100
De: María<marieta@mail.com>
Para: Juan<juanitu@mail.com>

Juan,

No pensaba que esto me afectaría tanto.

He hecho limpieza de papeles, resguardos de aparcamiento que habían quedado en los bolsillos, recibos de gasolina, notas que no tienen ningún sentido para mí...

Los he apilado y los he puesto por orden cronológico.

Hay un aparcamiento que, al parecer, le debía gustar mucho, porque es del único que hay resguardos.

Pero cuando he mirado "on-line" los pagos de las tarjetas, no había ninguno de aparcamiento. Entonces, me he fijado que el número de la tarjeta no es ninguna de las "nuestras".

He mirado su cartera, han salido más papelitos, más resguardos, y cuando he mirado las tarjetas, he encontrado una que no es de las "de casa".

Supongo que es del trabajo, porque es la que ha utilizado para pagar los aparcamientos, y son todos de viernes y sábados, por eso supongo que es del trabajo.

Me imagino que se descuidó de comentarme que algún día se habían reunido fuera del trabajo, que eso los suecos suelen hacerlo...

Y he encontrado un resguardo de una joyería. Este ha sido mi descubrimiento.

Me ha cogido la llorera porque eso quiere decir que tengo un regalo que me había querido hacer y que no me la ha podido dar. Su último regalo.

Quisiera ir a buscarlo la semana que viene pero no quiero ir sola. ¿Podrías acompañarme, por favor?

Tengo una mezcla de tristeza, impaciencia, emoción, ilusión y miedo.

Nunca he ido a buscar nada para mí, siempre era él quien me sorprendía. Y lo acertaba siempre. No sé cómo conseguiré poder hacer tantas cosas sin él.

No sé si lo conseguiré...

Juan, todo eso es tan difícil...

He ido a la peluquería esta tarde. Me han dicho que si quería cortarme el pelo y he dicho que no, que quiero dejarlo así, largo, como le gustaba a Ramón.

Llámame por favor, el lunes, para quedar.

María

Asunto:
Fecha: 22 septiembre 2010, 16:15:01 + 0100
De: María<marieta@mail.com>
Para: Juan<juanitu@mail.com>

No sé cómo empezar

No sé qué decirte

Juan, estoy deshecha...

No me esperaba esto

No sé cómo encajarlo...

No puedo...

M

Asunto:
Fecha: 24 septiembre 2010, 19:25:31 + 0100
De: María<marieta@mail.com>
Para: Juan<juanitu@mail.com>

He vuelto a mirar las cuentas del banco.

He empezado a mirar el teléfono.

Seguramente me estoy equivocando. No puede ser.

No puede ser.

¡NO PUEDE SER!

No sé cómo explicar las transferencias a una cuenta que sólo está a nombre de él. En el banco me dijeron que la tarjeta va ligada a esta cuenta.

Pero no me pueden decir nada porque no soy titular. Ni tendré derecho a saberlo porque no soy su heredera.

Sólo soy su viuda.

Sólo.

Y menos mal que me han querido decir que la tarjeta va ligada a la cuenta, que esto no me lo deberían haber dicho, pero son muchos años con esta entidad.

Toda mi vida con Ramón.

Toda mi vida.

No es por el dinero, es porque no me había dicho que tuvieraesa cuenta.

Y con esa tarjeta había pagado "eso" de la joyería.

Y los aparcamientos.

En el teléfono de Ramón había muchas llamadas de clientes, porque he escuchado el buzón de voz, y los mensajes eran de trabajo. Esas llamadas, las he dejado de lado.

Pero las otras llamadas, las que ha hecho al mismo número, al de "R", éstas no dejan mensaje de voz.

Sólo mensajes de texto.

"Te espero"

"¿Vendrás hoy?"

"Todo a punto"

"No tardes"

"Muas"

"Te quiero"

¿¿¿¿Quién coño le decía eso a Ramón????

¿Y los mensajes que él escribía?

No puede ser.

No puede ser otra cosa.

"Te añoro"

"Hoy me puedo quedar"

"Hasta pronto"

"Muy pronto"

"Te quiero"

¡NO PUEDE SER!

¿Quién es "R"?

Y no puede ser un compañero de trabajo porque a ninguno de ellos les compraría un corazón con "R y R".

Ramón y "R".

¿¿¿¿Quién cojones es "R"????

Juan, estoy muy nerviosa

Asunto:
Fecha: 26 septiembre 2010, 12:30:11 + 0100
De: María<marieta@mail.com>
Para: Juan<juanitu@mail.com>

Me estoy mortificando.

Y estoy rabiosa.

Y no sé cómo encajarlo todo.

Pensaba que no podía haber nada peor que haber perdido a Ramón. Y me equivocaba. Esto es mucho peor.

Le doy vueltas a muchas cosas, Juan.

Tantos viernes de trabajo, tantos sábados por la mañana.

Tantos días de squash, que me decía que iba al squash y luego tiene un ticket de aparcamiento "donde siempre".

Y ahora entiendo que me animara a irme Roma...

El aparcamiento de aquel fin de semana es de haber pasado todos los días allí, en casa de "R".

Me estoy volviendo loca.

Hostia, Juan, eso no tenía que haber pasado...

¿Cómo he llegado hasta aquí? ¿cómo no me he dado cuenta de nada? ¿cómo he podido ser tan tonta?

Se me ha ido todo al traste, Juan, todo.

¿Qué me queda ahora? ¡NO ME QUEDA NADA!

¿Qué haré ahora Juan? ¿qué haré?

Estoy muy sola y muy triste. Y dolida.

Me siento vacía por dentro.

Me han venido a la cabeza los destrozos de los huracanes tropicales, que lo hacen tambalear todo, y destrozan estructuras que la gente daba por seguras.

Esto ha sido un huracán. Pero sólo para mí.

¿Y ahora qué?

Asunto: No he ido a trabajar
Fecha: 27 septiembre 2010, 11:10:07 + 0100
De: María<marieta@mail.com>
Para: Juan<juanitu@mail.com>

Juan,

Esta semana me la he tomado de asuntos propios.

No puedo pensar en nada.

Tengo muchas cosas en la cabeza.

Tengo la casa llena de paquetes con las cosas de Ramón.

No las he terminado de recoger y eso ha hecho que sólo tenga ganas de registrar todo lo que queda.

No he encontrado nada más. Los tickets de aparcamiento, el resguardo de la joyería y los mensajes de móvil.

Tan poco y tanto mal que me han hecho.

Tengo que pensar qué hago con todo esto.

He oído tu mensaje en el buzón de voz. No tengo ganas de salir. Te lo agradezco mucho, pero no tengo ganas.

Otra semana, Juan, por favor.

M.

Asunto:
Fecha: 28 septiembre 2010, 11:10:07 + 0100
De: María<marieta@mail.com>
Para: Juan<juanitu@mail.com>

Hoy me he presentado en el trabajo de Ramón.

He hablado con su jefe, el sueco. Al menos, eso sí era verdad.

Ha sido muy amable. Muy considerado.

Supongo que no sabe nada de Ramón y "R", pero yo no he sacado el tema.

Todavía tengo dignidad.

Le he dicho que tenía las llamadas de los clientes en el móvil del trabajo. Me ha dicho que el móvil era personal, y que los clientes, al no recibir respuesta, ya habían llamado casi todos.

Parece que no me tengo que preocupar por ello. Tanto que sufría él por "el trabajo"...

Le he dicho que si alguno de los compañeros o compañeras querían algo suyo, que me lo dijeran, que me planteaba deshacerme de muchas cosas personales.

Como era de imaginar, nadie ha pedido el equipo de squash.

Sospecho que nunca había jugado con la gente del trabajo...

Me ha dicho que los servicios jurídicos estaban

tramitando todavía los papeles de la indemnización y tal. Y que, si quería, podía recoger las cosas personales de Ramón que las habían puesto en una caja.

Me llamarán y tendré que volver seguramente en un par de días.

Yo he hecho lo que tenía que hacer y seguramente esperaba encontrar a alguien con cara de "R".

A veces soy muy básica.

Sólo han venido a saludarme los dos compañeros que estaban en las bodas de plata y que también estaban en el entierro, y dos hombres más que no recordaba haber visto nunca.

No ha venido ninguna mujer a decirme nada.

En realidad, hay muy pocas allí, pero pensaba que alguna vendría. No ha sido así.

Y entonces, cuando ya estaba a punto de irme, se me ha ocurrido...

He preguntado para ir al baño, y cuando he estado dentro, he buscado el número de "R", lo he puesto en mi móvil, he abierto la puerta del lavabo... Y he llamado.

Ha sonado un móvil en la sala, y me ha cogido un sobresalto. He colgado. Y me he marchado precipitadamente.

Después, cuando ya había salido del edificio e iba a buscar un taxi, "R" llamó a mi móvil.

No sabía qué hacer, si cogerlo o no.

Lo he cogido y me ha salido una voz de mujer, muy

agradable, que preguntaba quién era yo, que tenía una llamada mía.

No sé cómo, atropelladamente, le he dicho que no sabía con quién hablaba, que yo era María, y ella dijo "Soy Rosario...".

Entonces, he cogido aire y le he dicho: "Hola, Rosario. Soy María, la mujer de Ramón".

Y ha colgado. No sé qué cara tiene, pero tiene nombre: Rosario.

R y R.

Ramón y Rosario. Rosario y Ramón. Me estoy haciendo daño.

He vuelto al trabajo de Ramón y me he sentado en un banco, frente a la puerta.

Ha salido mucha gente, pero no he reconocido ni caras ni fisonomías. He visto salir a las mujeres que había en la sala grande, y sé que es una de ellas, pero no sé quién.

Ya sé que esto es enfermizo pero necesito hacerlo.

En toda mi vida nunca he hecho nada sola, creo que ésta ha sido la única vez que he tenido iniciativa para hacer algo...

Y mira por dónde, qué me ha llevado a hacerlo...

Todo esto es un sinsentido...

M.

Asunto:
Fecha: 1 octubre 2010, 23:22:09 + 0100
De: María<marieta@mail.com>
Para: Juan<juanitu@mail.com>

Ayer me llamó el Jefe de Ramón, para decirme que cuando quisiera, podía ir a recoger las cosas. Le dije que iría hoy, y lo he hecho.

Me han dado una caja con sus iniciales. Sólo. R.M.P. Ni una fecha ni nada.

Me ha dado un escalofrío.

Los compañeros de Ramón se han ofrecido a llevarme a casa pero les he dicho que tenía el taxi en la puerta. No era verdad, pero no tenía ganas de silencios incómodos.

Otro paquete de Ramón. Me lo han puesto en una carretilla y les he dicho que ya lo bajaba yo, que no quería molestarles.

Me he excusado para ir al baño, y les he dicho que ya sabía dónde estaba.

Cuando iba, he mirado buscando alguna cara que no conociera. He visto un hombre en un extremo de la sala, y tal como iba al lavabo, le he preguntado, por favor, cuál era la mesa de Rosario...

Y me ha señalado una hacia el centro de la sala, donde sonó el teléfono el otro día.

Y allí estaba "R". Me he quedado plantada, allí en medio, mirando la nuca de una mujer, que no tiene cara, pero me he quedado de piedra cuando he visto que tiene el pelo tan corto que hubiera podido pensar que era un hombre, si no fuera por la blusa estampada.

Aquel pelo tan corto...

Y se ha girado. Y le he visto la cara. Por unos segundos, nos hemos mirado la una a la otra. Y ella me ha visto.

He entrado en el lavabo y me han dado arcadas.

No soy tan fuerte, Juan. No lo soy.

Me he serenado y he salido, sin saber cómo enfrentarme a esto... pero ella no estaba.

Ahora sé qué cara tiene "R".

He vuelto a casa y me he acostado. Creo que he tenido fiebre. Toda la tarde que he estado en un duermevela.

No quería pensar en ello, pero no podía evitar las imágenes que me venían a la cabeza.

Ramón y ella. Ramón y Rosario.

Con aquel pelo tan corto.

Esto es una mierda, Juan

M.

Asunto:
Fecha: 3 octubre 2010, 22:10:34 + 0100
De: María<marieta@mail.com>
Para: Juan<juanitu@mail.com>

Este fin de semana me he ido de casa.

El sábado por la mañana cogí una muda, una bolsa y me fui a la estación.

Cogí un billete hasta el final de la línea.

Busqué un hotel y he pasado el fin de semana en Manresa.

No he hecho nada. Sólo he paseado por calles diferentes, viendo caras diferentes.

Quería caras y lugares que no me recordaran a Ramón.

Y he descansado un poco.

He llegado hace un par de horas. Me he puesto agua en la bañera y me he quedado ahí hasta que el agua se ha enfriado.

Me he secado el pelo, que ya me ha pasado antes que al irme a la cama con el pelo mojado después me da dolor de cabeza.

Y ya tengo bastante con el dolor de corazón.

Te llamo esta semana.

M.

Asunto:
Fecha: 13 octubre 2010, 15:15:14 + 0100
De: María<marieta@mail.com>
Para: Juan<juanitu@mail.com>

Juan,

Me dirás que es una tontería, pero ya es demasiado tarde, porque ya lo he hecho.

He llamado a uno de los compañeros de Ramón.

He quedado con él esta tarde.

No puedo vivir con imaginaciones. Lo que sea, quiero saberlo.

M.

Asunto:
Fecha: 15 octubre 2010, 16:19:30 + 0100
De: María<marieta@mail.com>
Para: Juan<juanitu@mail.com>

He necesitado un día para digerirlo todo.

Quedé con el compañero de Ramón. Sabía lo de Rosario. Se lo había dicho Ramón. Parece que hace unos dos años que comenzó "esta historia".

Rosario tenía pareja y sólo se veían de vez en cuando. Pero hace unos meses ella lo dejó con su pareja y quedó libre. Entonces Ramón se lanzó. Y empezaron a verse con frecuencia, viernes y fines de semana.

Me ha dicho que lo sentía mucho, y que confiaba que esto acabaría tarde o temprano.

Lo que no me ha dicho es de qué lado acabaría. Del de Rosario o del mío.

Y cuando se lo he preguntado ha bajado la cabeza.

No me hubiera imaginado que tendría valor para hacer lo que he hecho.

Nunca.

Me estoy descubriendo.

Y no sé si me gusto.

M.

Asunto:
Fecha: 16 octubre 2010, 16:05:43 + 0100
De: María<marieta@mail.com>
Para: Juan<juanitu@mail.com>

Juan,

No podré superarlo.

Es más fuerte que yo.

Me viene a la cabeza la escena de la joyería...

Cuando la dependienta dijo que Ramón "era un buen cliente".

Y yo no tengo nada de aquella joyería.

Cabrón.

Asunto: Pasar página
Fecha: 20 octubre 2010, 16:05:43 + 0100
De: María<marieta@mail.com>
Para: Juan<juanitu@mail.com>

Hoy he hablado con mi compañera de trabajo. La que no pudo ir a Roma.

Hemos quedado al salir del trabajo y hemos estado horas hablando.

Me ha ayudado mucho hablar con ella. Mucho.

La verdad es que nunca he querido tener amistades en el trabajo, y al final, aparte de ti, será el único lugar donde podré encontrar un hombro.

Hemos quedado en vernos este fin de semana. Me ha dicho que tengo que empezar a pasar página.

Me lo ha dicho tanta gente... Pero cuando me lo ha dicho ella he visto que es lo que hay que hacer.

Ella también está sola. Y dolida.

Me decía que no sabe si le duele más la traición o la soledad.

La entiendo tan bien...

No tengo ganas de escribir.

Estoy cansada...

M.

Asunto: Después de la tormenta...
Fecha: 24 octubre 2010, 16:05:43 + 0100
De: María<marieta@mail.com>
Para: Juan<juanitu@mail.com>

...siempre llega la calma.

Este fin de semana me ha ido muy bien.

He estado con mi compañera Elena (es curioso, no te había dicho nunca cómo se llama y hace tiempo que escribo cosas de ella...). Bien, he estado con Elena y hemos hecho "limpieza" de sentimientos.

Elena hace Tai-chi y me ha llevado a la playa, a primera hora del día, y hemos saludado al sol. El aire fresco del mar nos ha dejado la cara fría y salada, pero me he quedado muy a gusto.

Tengo que perdonar a Ramón. Tengo que quedarme con los buenos recuerdos y con todo lo que hizo conmigo y para mí cuando estábamos juntos. Lo que está hecho, está hecho. Y eso no lo cambia nadie.

Me ha dicho Elena que Rosario, al fin y al cabo, es medio viuda de Ramón. Cuando le he oído decir eso, toda la calma interior se ha desvanecido y me ha cogido un arrebato que no le ha pasado desapercibido. Pero me ha hecho un gesto con la mano... "Calma, María, calma..."

Y cuando lo ha vuelto a decir, he pensado que tenía razón. Tendría que hablar con esta mujer, ahora que estoy más calmada...

Deberías probar esto del Tai-chi...

M.

Asunto: Retomando la vida...
Fecha: 26 octubre 2010, 17:15:40 + 0100
De: María<marieta@mail.com>
Para: Juan<juanitu@mail.com>

Juan,

Hoy en el trabajo han empezado a hablar de hacer una salidapara el puente de la Purísima.

Y he dicho que cuenten conmigo, antes de preguntar dónde van.

No soportaría pasar todos aquellos días sola en casa.

Han propuesto ir a Mallorca y me parece fantástico.

Estuve hace tiempo, con Ramón, y será la primera vez que viaje allí sin él.

Sin él conmigo, quiero decir.

Bueno, tú ya me entiendes.

Estos del trabajo se están portando muy bien.

Y la vida continúa.

M.

Asunto: Retomando la vida (2)
Fecha: 26 octubre 2010, 17:20:33 + 0100
De: María<marieta@mail.com>
Para: Juan<juanitu@mail.com>

¡Juan!

¡Que no te había dado respuesta!

Sí que he escuchado tu mensaje de voz. Y sí, sí que me apetece ir al cine el viernes.

Total, no será la primera vez que vamos tú y yo solos, ¿verdad?

Ni será la última.

Lo que sí será es la primera vez que voy al cine después de...

No quiero ponerme triste. Ya he llorado bastante.

Ya me dirás a qué hora quieres que quedemos.

Y cuento con que me llevarás a casa...

María

Asunto: ¡¡Nos vemos mañana!!
Fecha: 28 octubre 2010, 17:20:33 + 0100
De: María<marieta@mail.com>
Para: Juan<juanitu@mail.com>

He visto tu SMS.

Me parece bien.

A las 19.30 en la puerta de los cines.

Y tú coges las entradas.

Ya me dirás qué te debo.

Y no me digas qué vamos a ver… ¡Sorpréndeme!

¡Hasta mañana!

M.

Asunto:
Fecha: 30 octubre 2010, 10:10:45 + 0100
De: María<marieta@mail.com>
Para: Juan<juanitu@mail.com>

Juan,

Estoy avergonzada.

Me sabe muy mal el numerito que monté anoche.

Quería ir al cine, me hacía mucha ilusión, pero supongo que me traicionaron los nervios.

Era la primera vez que salía contigo desde que murió Ramón, y supongo que me vinieron todas las emociones de golpe.

Me puse muy nerviosa. Nunca me había ocurrido, nunca me había puesto así.

Pensaba que me ahogaba y me moría.

Y no quiero morirme.

Discúlpame, por favor.

¿Quieres que probemos la próxima semana?

Ya me dirás algo.

Y gracias por todo.

María

Asunto: Cosas...
Fecha: 2 noviembre 2010, 18:20:15 + 0200
De: María<marieta@mail.com>
Para: Juan<juanitu@mail.com>

Juan,

Ayer fue el día de Todos los Santos. Vi cómo la gente iba al cementerio a llevar flores a los seres queridos.

Yo no he ido nunca a llevar flores a mamá, ni a mi hermana. Y a Ramón lo tengo en casa.

Quizá debería llevar el Ramón al cementerio. Que descanse. Y yo también descansaría, porque hace días que no necesito tocar la urna para dormir...

Y me da miedo romperla.

¿Crees que pensar esto está mal?

M.

Asunto: Mañana...
Fecha: 4 noviembre 2010, 19:13:05 + 0200
De: María<marieta@mail.com>
Para: Juan<juanitu@mail.com>

Juan,

¿Quieres que volvamos a probar a ir al cine?

Te lo agradecería mucho.

Dime algo, por favor.

M.

Asunto: Mucho mejor
Fecha: 7 noviembre 2010, 19:55:35 + 0200
De: María<marieta@mail.com>
Para: Juan<juanitu@mail.com>

Juan,

Gracias por darme la oportunidad.

Me lo pasé muy bien en el cine.

Y me gustó que me acompañaras a cenar.

Gracias.

María

Asunto: Me he decidido
Fecha: 8 noviembre 2010, 19:35:12 + 0200
De: María<marieta@mail.com>
Para: Juan<juanitu@mail.com>

Juan,

Empiezo a ver la luz.

Tengo que llamar a "R". Tengo que hablar con Rosario.

Lo tengo que hacer.

Tengo que hacer muchas cosas.

María

Asunto: No sé qué hacer...
Fecha: 9 noviembre 2010, 20:33:12 + 0200
De: María<marieta@mail.com>
Para: Juan<juanitu@mail.com>

Juan,

Tengo muchas dudas.

Y tengo miedo.

¿Y si me encuentro con una mujer que me gusta más que yo misma?

¿Qué hago?

María

Asunto: Los primeros paquetes…
Fecha: 11 noviembre 2010, 19:25:31 + 0200
De: María<marieta@mail.com>
Para: Juan<juanitu@mail.com>

Juan,

Hace dos días llamé a "R". Rosario.

Se me hace extraño escribir su nombre, y me duele, pero tengo que hacerlo…

Quedé con ella y hoy nos hemos visto.

No ha sido un encuentro amistoso, porque no tiene ningún sentido. No hay ningún tipo de amistad ni la habrá nunca, pero tenía que hacerlo.

Le he dado el paquetito de la joyería. Al fin y al cabo Ramón lo compró para ella.

Y, realmente, ella también ha sido traicionada, porque le hizo creer que estaba mucho más libre de lo que era.

Eso lo tenemos en común.

Nos hemos visto en un banco del parque y desde allí se veía el aparcamiento donde Ramón dejaba el coche.

Cuando nos hemos despedido, y cuento con que no nos veremos nunca más, ha hecho el gesto de abrir su bolso para guardar la cajita que yo le he dado. Y entonces lo he visto.

El "foulard" de flores, aquel que extravié y por el que te hice poner de patas arriba tu coche. Yo pensaba que se me había perdido en casa o en tu coche. Y de golpe me ha venido la imagen de dónde lo había visto... Me lo dejé en el coche de Ramón.

No sé cómo ha llegado a las manos de "R", y no le he preguntado. Pero he tenido la sensación de cerrar un tema pendiente. Ya he encontrado el foulard.

Cuando he llegado a casa, he llamado el hermano de Ramón y le he dicho que se lleven el coche cuando quieran, que yo no haré nada con él.

Se ha puesto muy amable, me ha ofrecido ayuda y tal, y he colgado el teléfono.

No tenía ganas de oír tanta excusa.

Ha llamado él y le he dicho que sería cosa de la cobertura. Se ha despedido sin rollos y entonces hemos colgado los dos.

Me he deshecho de dos paquetes hoy.

Todavía quedan muchos en casa...

Tengo trabajo, todavía tengo mucho trabajo.

Hablamos.

María

Asunto: Final del viaje
Fecha: 14 noviembre 2010, 19:25:31 + 0200
De: María<marieta@mail.com>
Para: Juan<juanitu@mail.com>

Juan,

He bajado todos los paquetes del altillo. Y he hecho más paquetes con lo que quedaba en los armarios.

Ahora, en el altillo está la caja del trabajo. R.M.P. Y la bolsa de deporte.

Y mis armarios están vacíos.

Como mi alma.

No sé de qué los voy a llenar, pero tengo tiempo, mucho tiempo, para pensar en ello.

He llamado a un taxi y he bajado todos los paquetes.

Cuando hemos entrado en el Hogar de ancianos, la celadora ha avisado a la encargada. Me han visto tan decidida y con una cara tan seria que, si tenían pensado algún discursito de agradecimiento, no han podido ni despegar los labios.

Lo he dejado todo y he salido sin mirar atrás.

Allí queda una parte de mi vida. Y paso página.

Después, con el mismo taxi, he ido al cementerio. He alquilado un columbario y llevaré las cenizas de Ramón allí. Me han preguntado si quería poner alguna leyenda y les he dicho que sólo sus iniciales: R.M.P.

Nada más.

Cuando he salido del cementerio, le he pedido al taxista que me dejara sola dentro, unos minutos. Quería llorar, y quería hacerlo sola.

Pobre hombre, ha sido muy amable, y me ha dado un paquete de pañuelos.

Cuando he tenido bastante le he pedido que me llevara a casa, pero me he parado en la peluquería.

He pedido a la peluquera que me cortara el pelo, y he tenido la sensación de que se ha hecho un silencio sepulcral...

Seguramente, sólo me lo ha parecido a mí.

Me ha preguntado cómo lo quería y le he dicho: "Corto, muy corto".

No ha dicho nada y ha empezado a cortar.

Caían a la vez los mechones de mi cabello y mis lágrimas, pero tenía que hacerlo.

Con esto, ya he llorado todo lo que tenía que llorar.

Ahora ya sólo toca aprender a reír. Y supongo que no será fácil.

No lo sé. Todo esto es nuevo, todo...

Este invierno pasaré frío en la nuca pero será algo nuevo. Y necesito cosas nuevas.

Cuando he salido de la peluquería me ha dado un golpe de aire fresco en la cara y he notado un escalofrío en la nuca.

Es curioso...

Ya no recordaba cuándo había sido la última vez que había hecho algo tan "salvaje" como lo que he hecho hoy: cortarme el pelo.

Y me ha sentado bien.

Aire fresco. Es lo que necesito.

Hace unos días te decía que no sabía qué me quedaba, que no me quedaba nada.

Y me equivocaba.

Me quedo yo misma. Y eso debería ser bastante.

Tengo muchos planes de futuro, Juan.

Te quiero contar. Cuando nos veamos...

He vivido muy buenos años. Ahora quiero vivir bien el resto de vida que me queda.

Como debe ser.

Mañana saldré con la gente del trabajo.

Me han invitado a ir a un musical y he aceptado.

Pero tú y yo seguiremos quedando los viernes para ir al cine ¿verdad?

Hasta pronto.

María

Sobre la autora:

Núria Salán Ballesteros nació en Barcelona a mediados de primavera de 1963 y a los pocos días se la llevaron a SantBoi de Llobregat, donde ha vivido toda su vida. Hasta hace unos años, vivió en el barrio de la Muntanyeta, donde fue a la escuela y al "insti" (Institut Joaquim Rubió i Ors). A los 18 años comenzó los estudios universitarios de Ciencias Químicas.

Terminada la licenciatura y con la especialidad de Metalurgia, comienza su etapa de investigadora y profesora en la *Universitat Politècnica de Catalunya* (UPC), en el Departamento de Ciencia de los Materiales e Ingeniería Metalúrgica.

En estos años de vida profesional, ha colaborado con varios equipos de profesorado con los que le ha cosechado galardones y reconocimientos: premios de Calidad Docente del Consejo Social de la UPC en las ediciones de 2002, 2003, 2009 y 2010, Distinciones Vicens Vives de la Generalitat de Catalunya en los años 2009 y 2010, y Mención de Honor de Ciencia en Acción en el año 2010.

En el año 2000 fue Secretaria del "I Congreso Nacional de las Mujeres y la Ingeniería" en Terrassa. Ha colaborado en todas las ediciones del *"Programa Dona"* que la UPC ha realizado y en actividades de promoción y acercamiento de los estudios tecnológicos a las estudiantes de secundaria. Desde junio de 2011, es la Coordinadora del Programa de Género de la UPC, desde el que se dinamiza la implementación del II Plan de

Igualdad de Oportunidades de la UPC.

En su faceta más social, ha sido socia fundadora de dos asociaciones: EQUILIBRI, Asociación de Familiares y Amigos de Enfermos Mentales de SantBoi y ASAMMET, Asociación de Amigos de la Metalurgia, de la que rige la secretaría.

Actualmente es la Secretaria de la Asociación de Karate SantboianaShotokan, de la Junta de la Sociedad Catalana de Tecnología, y Tesorera de la Junta de "Ciencia en Acción". También pertenece al Consejo Municipal de las Mujeres de SantBoi y participa activamente en comisiones de trabajo del Consejo de las Mujeres del Baix Llobregat.

El escritor santboianoAmadeuAlemany ha recogido la esencia de Núria Salán en *Gegants (amb denominació d'origen santboiana)*, libro de encuentros, donde comparte protagonismo con Marc Gasol, Juan Carlos Pérez Rojo, Manel Esteller, Dolo Beltrán y Albert Malo, entre otros.

Su vena literaria despierta hace unos años, recogiendo los primeros frutos en el año 2011, cuando ganó el primer premio del Concurso de Relatos Breves de SantJoanDespí con *El Curso de Gestión del Estrés*. Ha traducido al catalán *Desde mi realidad*, novela del escritor santboiano, JoanMassip, y ha colaborado en la redacción y revisión de texto del libro del periodista santboiano Guillermo Gómez Marco, *Francesc Calvet, El pagès que va triomfar al Barça*.

Con la novela *¿Nos vemos el viernes?* Inicia su etapa de escritura fuera del ámbito científico-tecnológico.

www.ingramcontent.com/pod-product-compliance
Lightning Source LLC
Chambersburg PA
CBHW070853050426
42453CB00012B/2184